FRANCE! EXIL!...

PARIS. — IMPRIMERIE DE Mme Ve DONDEY-DUPRÉ,

RUE VIVIENNE, N° 2,

Et rue Saint-Louis, N° 46, au Marais.

FRANCE!

EXIL!...

ALBUM LÉGITIMISTE.

PARIS.

Dans les Bureaux de l'Écho légitimiste, rue Montmartre, 68.

Chez
- Mme Ve DONDEY-DUPRÉ, Imprimeur-Libraire, rue Vivienne, 2;
- DENTU, Libraire, Palais-Royal, galerie vitrée;
- HIVERT, quai des Augustins, 55;
- LAVILLE, boulevart des Capucines, 18;

Et chez tous les Libraires de la province.

—

1835.

FRANCE! EXIL! tel est le titre que j'ai choisi.

Ne craignez pas, chers lecteurs, que je vous trace le tableau déchirant des calamités sans cesse renaissantes qui, depuis quatre ans, désolent notre belle patrie. Loin de moi l'idée de m'occuper de la France telle qu'elle est aujourd'hui, de la France telle que l'ont faite les hommes *dupés et dupans de* 1830 *et* 1835. Je laisse à d'autres le soin d'un si sombre tableau.

Des anecdotes vraies et récentes, des souvenirs chers et touchans, des émotions vives et fortes, voilà ce que je veux rappeler et communiquer à mes lecteurs.

Peu disposé à fléchir le genou devant les pouvoirs nouveaux, je reste fidèle à ma devise, à mes sermens, à l'honneur.

Hommes du pouvoir, attablés au budget, rassurez-vous... car je me tairai sur tout ce qui est orléanisme, ou je ne ferai que répéter ce qui n'est pas tombé sous le ciseau de votre censure moderne. Pressez-vous aux nouvelles Tuileries, peu m'importe, vous ne m'y verrez pas... Laissez-moi cheminer paisiblement vers Prague !...

Arrière donc, hommes du jour ! qui n'avez rien de commun avec l'objet de mes plus tendres affections !... Mon culte vous est inconnu... vous nous l'avez prouvé !... arrière ! Respect à l'infortune ! ! ! honneur à la fidélité ! ! !

PRÉFACE.

Les quatre dernières années, si remplies d'événemens
étranges, ont été favorables, dans l'ordre politique, à
tous les hommes de cœur et de conscience, mais bien
funestes à tous les hommes sans conscience et sans cœur.
Nous avons appris quel était le but, *pendant la comé-*

die de quinze ans, de toutes ces protestations si pleines d'amour pour la liberté, si belles de patriotisme. Toutes les plates ambitions, qui se cachaient soigneusement sous le voile du libéralisme, se sont mises par mégarde à découvert. Nous sommes arrivés à un moment qui ressemble à la fin d'un bal masqué : toutes les figures sont dépouillées du chiffon qui les couvrait.

Chaque jour des voix s'élèvent qui font connaître au pays ses gouvernans ; elles tracent, ligne par ligne, les profils de tous ces hauts personnages ; elles mettent en relief bien des faits que l'on voudrait tenir dans l'ombre ; elles ne craignent pas de dévoiler toutes les turpitudes de l'agiotage ; souvent elles s'adressent aux principes, et les examinent à l'aide de l'histoire et de la philosophie.

Un fait qui ressort de toutes ces discussions, c'est que le gouvernement, créé en juillet par quelques habiles, est bâti sur le sable. Chaque vent impétueux qui vient à passer arrache une pierre à l'édifice. Combien de tems durera-t-il encore ?

Dans notre pays, les trahisons n'obtiennent jamais de définitives victoires ; il reste toujours au cœur de la France un levain de générosité, de noblesse et de dévouement ; les principes peuvent être quelquefois méconnus ou outragés, mais ils ne tardent pas à reparaître en plein triomphe. Charles VII, Henri IV, Louis XIV, à leur avènement, virent leur sceptre légitime passer à des mains usurpatrices, et les portes de leur capitale traîtreusement fermées devant eux. Il y eut alors des guerres civiles, des malheurs pour le pauvre peuple, et tous ces déplorables désastres étaient l'œuvre d'une poignée de traîtres et d'ambitieux. Mais un jour *Charles-le-Victorieux* fut sacré à Reims aux acclamations de son peuple ; *Henri-le-Bon* entra dans la ville de Paris, *affamée de voir un roi* ; *Louis-le-Grand* monta sur le trône qu'il devait, pendant plus de soixante années, entourer d'une auréole de gloire.

Aujourd'hui le roi de France est à Prague, où l'a jeté la tourmente révolutionnaire. Puisse-t-il un jour, comme ses illustres aïeux, rentrer dans sa capitale ! Les roueries ne sont pas des argumens invincibles, et l'homme qui trône maintenant aux Tuileries sera sans doute entraîné par le cours logique des choses. Voilà pourquoi les hommes de cœur doivent rester unis et se tenir debout en face du pouvoir, l'œil ouvert, la parole haute ; voilà pourquoi nous publions aujourd'hui *France ! Exil !*.....

Cet ouvrage sera composé de plusieurs volumes. *France ! Exil !* va à l'adresse de tous ceux qui sont restés fidèles et inébranlables dans leurs convictions ; les livraisons qui vont se succéder renfermeront souvent des lettres pleines d'intéressans détails sur les augustes exilés.

Ceux qui ont écrit cet ouvrage seraient heureux de

pouvoir eux-mêmes aller l'offrir à leur roi comme un gage de leur dévouement et de leur fidélité. Peut-être réaliseront-ils ce vœu ! En attendant, ils placent leur œuvre sous la protection des royalistes.

P. L.

FRANCE !

EXIL !...

A S. A. R. Mademoiselle.

I.

Enfant que Dieu fit naître à l'ombre d'un vieux trône,
Sur la terre d'exil comme sous la couronne,
Votre nom a toujours même charme pour nous,
Car nous vous aimons bien, jeune fille de France !
Et notre cœur bondit de joie et d'espérance,
    Enfant, quand nous pensons à vous !

Oh ! depuis que l'exil pèse sur votre tête,
Vous avez vu s'éteindre, au vent de la tempête,
Bien de ces dévouemens qui ne durent qu'un jour ;
Mais nous, sans chanceler, nous resterons fidèles,
Notre foi chaque jour prend des forces nouvelles,
    Vos malheurs doublent notre amour.

Et vos malheurs sont grands ! — Toute source est amère,
Tout pain est sans saveur sur la terre étrangère ;
Nous le savons, aussi nous maudissons tout haut
Cette loi qui vous dit, sanguinaire et brutale :
Proscrits, n'espérez pas sur la terre natale.
    Un trône, mais un échafaud !

II.

Pourtant si votre ciel ensemencé d'étoiles,
De nuages d'azur s'arrondissant en voiles,
N'avait jamais perdu son calme radieux,
Vous seriez maintenant la reine de nos fêtes,
Vous sauriez inspirer des hymnes aux poètes,
    Au peuple des *vivat* joyeux.

Car ceux qui près de vous vont en pélerinage
Disent que votre esprit a devancé votre âge,
Et que pleine de grâce et faite de douceur
Vous parlez de nos maux d'une voix attendrie,
Et que toujours, enfant, vous aimez la patrie,
    Comme une sœur aime sa sœur.

Ils racontent aussi que bien souvent votre âme
Se sent pleine d'espoir et que votre œil s'enflamme.
—Oh ! c'est bien ! espérez. — L'astre de trahison
S'éteint et tombera bientôt, noble exilée !
Et votre étoile d'or qui s'est un jour voilée
    Reparaîtra sur l'horizon.

Paulin L.

PORTRAIT

TIRÉ DES CHRONIQUES FLAMANDES DU XIVᵉ SIÈCLE.

Il est des figures historiques devant lesquelles l'imagination s'arrête agitée, non parce que la gloire les a environnées de prestiges, mais parce que le crime les a frappées d'immortalité. De ce nombre est Jacques Artevelle.

L'histoire des révoltes d'un pays est presque toujours celle de la dégradation : la Flandre, au quatorzième siècle, était heureuse et florissante sous les monarques légitimes, lorsqu'une révolution, dite *libératrice*, vint charger de fers la nation et y couronner l'infamie.

Une multitude aveuglée, vouée par avance à toutes les fureurs du premier audacieux disposé à en faire son marche-pied et son jouet, avait mis Artevelle à sa tête ; ce chef, renversant la royauté héréditaire, était alors l'idole du peuple.

Était-ce un factieux vulgaire, un misérable aventurier ? Non ; Jacques ne ressemblait en aucune façon aux brigands populaires qui l'avaient

devancé dans la carrière des forfaitures. Artevelle était de haut lignage; on le disait même
allié, par sa femme, à quelques familles souve-
raines.

La noblesse de son origine eût été un obsta-
cle à ses projets de renversement et à la popu-
larité qu'il ambitionnait, si le perfide, ayant
médité son plan d'insurrection pendant de lon-
gues années, n'eût su jouer à la fois, à son profit, la noblesse et les basses classes, les princes
et la bourgeoisie. Il avait donc jeté de côté ses
titres féodaux pour s'emparer de l'esprit du vulgaire, et s'était fait peuple au sein du peuple.
Affectant la simplicité patriarcale et la bonhomie bourgeoise des vieux marchands de la cité,
il avait pris l'état de brasseur; et sa maison, devenue le rendez-vous de tous les ennemis de
l'ordre social, était le foyer menaçant d'où devait partir, à l'improviste, l'incendie révolutionnaire.

Artevelle, astucieux et avare, n'avait ni grandeur d'ame, ni génie; mais il savait arriver peu
à peu par les déceptions et la persévérance, où
d'autres ne parviennent ordinairement que par
la vaillance et l'audace. Son esprit prenait avec
habileté la souplesse des circonstances. Nul n'é-
tait plus prodigue de démonstrations citoyen-
nes, lorsqu'il y avait un gain présumable à l'é-

treinte patriotique ; il ne rougissait d'aucune turpitude, pourvu qu'elle lui tournât à profit ; il ne reculait devant aucune souillure quand l'or était au fond de la fange. Il parlait beaucoup et disait peu, promettait tout et ne donnait rien. La profondeur de ses vues sur le mensonge et la déloyauté, comme moyens de faire brèche dans les monarchies, était chose en lui singulièrement remarquable ; et personne ne s'entendait mieux que Jacques à fouiller dans les bassesses d'autrui pour en tirer butin à son compte.

Il avait fait entendre aux Flamands les paroles de la liberté avant d'arriver au pouvoir ; mais ces paroles n'étaient en quelque sorte pour lui, dans le secret de sa pensée, que de vieux haillons sales et dorés que le jongleur politique secoue sur une nation pour lui donner, par un effet magique, l'accès de folie dont il a besoin ; et Jacques, chez qui les principes de révolution allaient battre en retraite devant les intérêts de monarque, ne devait pas tarder une fois sur le trône à tenir un langage inverse. Le brasseur-roi haïssait plus que personne ces masses stupides, à affections sanglantes, qui s'étendent dans une révolution, comme la gangrène dans les plaies ; mais sacrifiant à la peur, le tyran, tout en se promettant de les exterminer, n'osait fouler trop tôt sous les pieds ceux qui l'avaient placé sous la pourpre. Il se croyait grand de succès, il ne l'était que de flétrissures ; le souverain né de l'insurrection avait reçu en partage une conscience assez large pour pouvoir y entasser les bassesses sans craindre qu'elles vinssent à y déborder par-dessus les crimes. « Singulier vase d'iniquités ! disaient les pen- » seurs de l'époque ; plus on l'emplit, plus il » est creux ! ! !..... »

Le Vicomte d'ARLINCOURT.

LE VENDÉEN.

Personne n'a sondé jusqu'où va ta clémence,
Seigneur ! De tes décrets qui tracera le fil ?
Profanes, à genoux ! Dieu l'a voulu... silence !
    Il donne le trône et l'exil.

Le jour luit sans soleil sur la rive étrangère ;
Faut-il, pense un enfant, végéter... toujours là !
Si le danger pressait... ô France ! en qui j'espère,
    Appelle, appelle... me voilà !

Courage, enfant! vieillis. Grande est ta renommée!
Élève un peu la voix... L'avenir te répond...
Tu sauras comme un roi doit manger la fumée
    Sur l'affût brûlant du canon.

Oh! que je conçois bien ta noble impatience!
Que de momens perdus! que de bienfaits absens!...
Tu volerais... Attends, le cœur plein d'espérance;
    L'heure n'est pas sonnée... Attends.

Mais la plainte au malheur serait-elle ravie?
Est-ce un crime si noir que de former des vœux?
Qu'ils déchirent ton sein, ô ma belle patrie!
    Je te chéris en dépit d'eux.

Qu'un tyran frappe et tue, il prouve sa folie;
Un mort fut-il jamais un ardent défenseur?
Tout mon sang coulerait avant que moi j'oublie
    Le jour où naquit ton sauveur.

Arracher un à un les feuillets de l'histoire
Où vos noms sont inscrits, qui de vous l'oserait!
Ce livre aux nations, France, lègue ta gloire;
    Quel Français le déchirerait?

A tous n'est pas donné l'insigne privilége
D'avoir quelques vertus à livrer aux échos!
Pourquoi rougissez-vous? La vérité protége
    Le grand coupable et le héros.

La vérité! partout on a droit de la dire;
Opprobre à qui la craint! Le meurtre aime la nuit;
Mais... l'histoire raconte un siècle de délire
    Au siècle effrayé qui le suit.

A son poste sacré, l'histoire inébranlable
Flétrit, immortalise, et plane sur les rois!
De tes forfaits cachés, tyran, elle t'accable
    De ses impitoyables doigts.

Héros! pour vous ses fleurs, son encens, ses offrandes!
Frappés d'un même coup sous le même drapeau,
Elle vous jette à tous d'immortelles guirlandes
    Sur un même et vaste tombeau...

Eh bien! soit, dégradez ce monument des âges;
Brûlez ce livre saint, temple de notre orgueil;
Fouillez la cendre chaude, il y reste deux pages
    Pour le miracle et pour le deuil.

L'une écrite de sang, où la haine poignarde,
Où l'ange montre aux cieux l'assassin pardonné;
Dans un berceau royal, où l'Europe regarde,
    L'autre lui montre un nouveau-né.

Franchise, loyauté, qu'êtes-vous devenues?
Ame du vieil honneur, où doit-on vous chercher?
Quand le vice et la honte ont inondé nos rues,
    A l'écart pourquoi vous cacher?

Pourquoi courber ces fronts, si beaux de cicatrice,
Vieux soldats épurés au baptême de feu;
Osez braver ces nains, fils bâtards du caprice!
    Tout haut émettez votre vœu!

. . . .

. . . .

L'œil humide, mais fier, j'irai sur une tombe
Enlacer ma couronne au cyprès du martyr!

Qui peut faire rentrer une larme qui tombe?
    Qui peut enchaîner un soupir?

Des puissances d'un jour je crains peu la colère.
Si ce jour est à vous, l'avenir est à moi.
Pensez-vous empêcher le fils d'aimer son père,
    Le bon Français d'aimer son roi?

Gorgez vos coffres d'or, consacrez le parjure :
Pourrez-vous d'un instant retarder l'avenir?
Vous raviriez plutôt à nos prés leur verdure
    Qu'à mon cœur un seul souvenir.

A d'éphémères lois je ne fais point la guerre;
A des honneurs vénaux je ne tends pas la main ;
Mais laissez-moi le lit où mourut mon bon père,
    Laissez-moi l'ombre du chemin.

Laissez-moi révérer ce que l'ange révère.
Ma pensée est à moi ; pourquoi l'entravez-vous?
Laissez-moi ma chaumine, un petit coin de terre
    Pour y poser mes deux genoux.

L'autel vole en éclats et le meurtre le souille;
La licence en haillons a souillé le saint lieu ;
L'impie a blasphémé; le chrétien s'agenouille,
    Car ces débris couvrent un Dieu!

Oui! le Vendéen rit d'un despote farouche.
C'est dans un bras plus fort qu'il a mis son appui!
Les fers aux pieds, aux mains, le bâillon à la bouche...
    Le Vendéen priera pour LUI.

R. DE CHAMPIGNY.

Exil!...

Surpris dans une de leurs promenades par un orage des plus violens, *le prince* et *Mademoiselle sa sœur* réclamèrent l'hospitalité dans une cabane voisine. Là, tandis qu'ils faisaient sécher leurs vêtemens à la flamme claire et pétillante qui s'échappait du foyer, des paysannes regardaient cette scène avec un respect mêlé de curiosité et n'osaient approcher. Émues, attendries, elles se communiquaient mutuellement à voix basse toutes leurs conjectures, quand une d'elles, montrant du doigt le jeune étranger, s'écria tout-à-coup : *C'est celui-là qui sera roi ! ! !.....*

Dans les jours mauvais de la France, quand de lâches députés allaient prêter foi et hommage au jeune monarque d'outremer (Henri VI), quand les armées des envahisseurs étrangers inondaient le royaume et que le souverain du royaume, pauvre, proscrit, sans argent, sans soldats, était près de briser son épée et d'accuser la Providence, une jeune fille se plaça hardiment auprès de Charles VII et dit comme la jeune prophétesse des montagnes d'Écosse :

C'est celui-là qui sera roi ! Les vieilles voûtes de la cathédrale de Reims racontent la fin de l'histoire.

France.

Loin de l'Écosse, mais à la même heure, des hommes qui avaient fait le serment de défendre une auguste dynastie, réunis dans l'enceinte qui retentissait *jadis* de leurs protestations d'amour et de fidélité à la famille royale, prononçaient *son éternel bannissement.*

Jusqu'à quand cachée sous le masque hypocrite d'un faux amour du bien public, la passion poursuivra-t-elle avec acharnement l'innocence et l'infortune ! !...

LES DEUX DRAPEAUX,

VÉRITÉ FRANÇAISE.

MUSIQUE DE MAURICE DE RAOULX.

De deux drapeaux chéris de la victoire,
Avec orgueil on parle à nos enfans,
Pourquoi sans cesse oppose-t-on leur gloire?
— Tous deux, mon fils, ont été triomphans,

Si le dernier valut à la patrie
Trente-cinq ans de fabuleux succès,
Ah ! par huit cents l'autre a marqué sa vie ;
Le drapeau blanc est le drapeau français !...

— Tous deux sont donc de la même famille ?
— Ils l'ont prouvé dans les champs de l'honneur ;
Vingt nations ont vu que chacun brille,
Lorsqu'un appel est fait à la valeur ;
La Jeune France au drapeau tricolore
Peut attacher, mon fils, plus de hauts faits,
Mais huit cents ans les valent bien encore,
Le drapeau blanc est le drapeau français.

S'il faut des noms, mon fils, pour te convaincre,
L'histoire encor va me prêter sa voix ;
Sous les Bayards, nos aïeux savaient vaincre,
Et des Condés on connaît les exploits.
Ah ! vois s'unir ce qui seul se ressemble ;
Napoléon louait le Béarnais ;
Louis-le-Grand ! il le prit pour exemple :
Le drapeau blanc est le drapeau français !

Par vanité, cesse le parallèle
Que l'un des deux ne doit pas redouter ;
Frères rivaux, leur gloire est assez belle,
Seul, l'avenir sait qui doit l'emporter.
Si ton drapeau triompha des tempêtes,
Prit cent états !... il les rendit après ;
Le mien, mon fils, conserva ses conquêtes,
Le drapeau blanc est le drapeau français.

Le comte Alexandre de Querelles.

LE CAVALIER A BON MARCHÉ.

Charles Stuart, deuxième du nom, promenant ses rêveries d'exilé dans les rues étroites et tortueuses de la vieille cité de Cologne, s'étonna, un des derniers jours de janvier de l'année 1654, des sonneries funèbres qu'il entendait depuis plusieurs heures...

Le comte de Clare, qui était resté fidèle à la religion catholique comme à la royauté des Stuarts, apprit à son royal maître que c'était un anniversaire de deuil que célébraient les habitans de Cologne, en mémoire d'un archevêque bienfaiteur de la ville et de la contrée.

« J'aime ces anniversaires, répartit Charles II, et si jamais, Dieu aidant, je reconquiers mon trône, le souvenir de mon père ne mourra pas dans mes trois royaumes... Je veux qu'à perpétuité le jour du malheur et du crime soit un jour de deuil et d'expiation.

— Sire, vos vœux sont déjà en partie réalisés ; tous vos loyaux sujets d'Angleterre, d'Écosse et d'Irlande ont fait de la sanglante journée du 30 janvier une journée de jeûne et de prière ; toute la tyrannie d'Olivier n'a pu, pendant son règne, empêcher ce touchant hommage envers l'illustre martyr, votre royal père, de très-regrettée mémoire.

Votre majesté se souvient qu'aux familiers qui vinrent l'instruire que cette commémoration funèbre se célébrait dans toutes les familles, l'usurpateur des droits sacrés des Stuarts répondit : *Que je n'aie pas de remords de mon œuvre, tant mieux pour moi ; mais que j'empêche les amis du mort de le regretter, je ne l'essaierai pas : à qui l'on fait du mal, il faut laisser liberté de pleurer.*

— Oui, oui, je me souviens de ce mot du monstre ; il irrita dans le tems... mais aujourd'hui le *laisser-aller* de son fils Richard, l'espèce de bonhomie et de tolérance de cet homme insouciant, la fausse paix qui règne aujourd'hui en Angleterre, n'ont-ils rien changé aux dispositions de nos sujets ? Pendant qu'on les froissait, ils pensaient à nous ; à présent qu'ils sont moins tourmentés, y songent-ils encore ? Comte de Clare, la loyauté de bien des gens se fait avec de l'égoïsme.

— Sire, les lettres que nous venons de recevoir des trois royaumes de votre majesté, et qui vont être lues en son conseil, lui apprendront combien l'on soupire de l'autre côté de l'eau après une restauration...

— Par momens, je me flatte de cette idée, puis, dans d'autres, je perds quasi l'espoir. Comte de Clare, je vois des cheveux gris sur votre tête; l'expérience vient avec ces cheveux-là, et l'expérience ne nous apprend-elle pas que les absens ont toujours tort?

— J'en conviens... mais l'oubli ne vient point à ceux qui ont intérêt de se souvenir. Or, l'Angleterre sait bien que, sans son souverain légitime, elle n'a rien d'assuré; elle sait bien que l'espèce de paix qu'on lui laisse ne peut avoir de durée; elle se sent rougir, en pensant au joug ignoble de Richard..... Si celui d'Olivier la faisait saigner, celui de l'ivrogne de Whitehall l'humilie.

— Mon ami, quand les nations sont abandonnées de Dieu, elles s'arrangent de l'humiliation; elles deviennent semblables à des hommes qui ne resteraient pas tranquilles sur des lits d'épines, mais qui dorment dans la boue.

— Que Votre Majesté a de mépris pour les hommes!

— Voulez-vous que je les aime?

— Je veux que Votre Majesté s'en serve?

— Pour obtenir quoi?

— Votre couronne...

— Couronne d'épines peut-être!

— Qu'est-ce que cela fait?

— Couronne qui fait tomber la tête qu'elle ceint.

— Qu'est-ce que cela fait encore ?

— Comment voulez-vous qu'on désire ce qui tue ?

— Oui, Sire, je saurais que votre royal sang doit aller se mêler sur la terre anglaise avec celui de votre auguste père, que je vous montrerais encore la devise de vos armes : Dieu et mon droit.

— Bien, bien ! dit Charles Stuart, en serrant la main du comte de Clare, vos conseils, à vous, j'aime à les écouter..... je les suivrai... Vous disiez tout à l'heure que nos dernières lettres sont favorables à notre cause ?

— Oui, Sire, on ne peut davantage. Le dégoût de ce qui existe a gagné toutes les classes ; le peuple est las des momeries puritaines, l'hypocrisie des conseillers de Richard est connue de tous ; *le zèle de la maison du Seigneur ne dévore plus personne ;*... et, pour me servir des expressions sacrées employées par nos ennemis, *la nation se détache du culte de Baal et tourne maintenant ses regards vers les montagnes saintes, d'où le salut doit lui venir !*...

— Croyez-vous maintenant à cette disposition favorable ?

— J'en ai la conviction ; chaque jour les amis

de la bonne vieille cause augmentent de nombre ; l'armée rougit d'obéir à Richard.

— Comte de Clare, on doit la vérité à son roi quand il est assis sur son trône, mais on la lui doit encore davantage quand il est dans l'exil ;... car si à un roi heureux on néglige de dire la vérité, cette meilleure conseillère des princes, il pourra devenir, sur son moelleux trône, un roi fainéant, voilà tout ! mais, quand il en est tombé, si on ne lui dit pas l'état vrai des choses ; si, pour l'éloigner du danger, on le laisse dans l'anarchie, on le déshonore, on est régicide d'une autre façon : on ne coupe pas des têtes de rois, mais on les souille.

— Sire, Votre Majesté sait si je souffre qu'elle s'endorme...

— Tout le monde ici, comte de Clare, ne pense pas comme vous.

— Il ne m'appartient de blâmer personne... Mais avec raison Votre Majesté disait tout à l'heure que quelquefois une nation s'habituait au joug d'un usurpateur quand il ne la froissait plus... Moi j'ajoute qu'il y a des gens qui s'arrangent de l'exil quand il ne leur est pas trop dur ; quand le bannissement leur donne une influence qu'ils n'auraient pas ailleurs, ils s'y font un lit et y dorment. Sire, votre glorieux aïeul Jacques savait cela : aussi il donna

mon père comme écuyer au vôtre, et répétait souvent : Guillaume de Clare est un intrépide chasseur, un homme rude à lui-même, se levant de bon matin..... il ne laissera pas mon fils dormir trop long-tems..... Sire, *Dieu et votre droit* vous rendront votre couronne... Vous vous verrez dans vos palais entouré d'une royale lignée. Eh bien ! j'en conjure Votre Majesté qu'elle ne mette jamais auprès des princes qui naîtront d'elle des hommes qui aiment trop leurs aises. Ces hommes-là, c'est du plomb qui empêche de s'élever, c'est de la glace qui arrête les flots du fleuve . . . .
. . . .

Dans une des salles du palais que l'archevêque, électeur de Cologne, avait offert au noble fils de Charles Ier, une fois la semaine, le conseil avait lieu ; on a souvent répété que les rois détrônés n'avaient plus ni conseillers, ni flatteurs, c'est faux d'abord, et en première ligne se trouvent à côté d'eux ces hommes à cœurs nobles qui s'inféodent au malheur comme d'autres à la prospérité, et puis peut-être encore quelques-uns dont l'ame moins élevée rêve moins de sacrifices.

Charles avait auprès de lui de ces deux espèces d'hommes. Sur la table du conseil se voyaient plusieurs portefeuilles, comme s'il y

avait eu encore beaucoup d'affaires à expédier...
Le roi poussa son fauteuil près de la table, et
dit qu'il venait d'être informé que plusieurs
dépêches favorables étaient arrivées, et qu'il
désirait que le conseil lui en donnât lecture...,
et qu'ensuite on délibérerait, séance tenante,
sur ce qu'il y aurait à faire.

Après ce peu de paroles, Charles appuya
sa tête sur une de ses mains, et les yeux fixés
sur un portrait de son père, peint par Van-Dyck,
écouta la lecture que lord Hawkley fit de plusieurs lettres écrites par différens commissaires
royalistes d'Angleterre, d'Écosse et d'Irlande.
Toutes étaient vraiment favorables à la cause
royale ; toutes peignaient les trois royaumes
comme dégoûtés, humiliés de l'ignoble pouvoir de Richard. Quelques-uns des correspon-
dans disaient : « Le sceptre d'Olivier était plus
lourd, mais au moins, c'était une épée que ce
sceptre ; et ça nous était moins humiliant que
ce qui pèse aujourd'hui sur la vieille Angleterre. . . . . »

Quand toutes les dépêches eurent été lues,
lord Hawkley, sur un signe du roi, prit la parole et insista beaucoup pour que tous les cabi-
nets des différentes puissances fussent tout de
suite informés des bonnes dispositions du peuple anglais.

— Avant de penser à ceux qui pensent peu à nous, dit Charles II avec un peu d'amertume dans la voix, avant de nous occuper des rois du continent, occupons-nous de nos fidèles sujets; eux parlent de se lever, de se compromettre pour notre cause, pensons à eux d'abord.

— C'est mon avis, fit le comte de Clare.

— Et le mien aussi, ajouta le colonel O'Mead.

— On peut en même tems expédier un messager en Angleterre, et informer les souverains du continent, dit l'évêque de Chester.

— Selon moi, c'est par de nouvelles tentatives auprès des frères en royauté de notre auguste souverain que nous devons commencer : d'après les espérances de secours qu'ils nous donneront, nous verrons ce qu'il y a à faire... J'ouvrirais donc l'avis...

— D'aller encore faire antichambre chez Mazarin.... Oh ! par saint Georges, je le jure, j'aime cent fois mieux mourir exilé que de mendier rien des rois mes frères; ma cause est la leur : s'ils ne le comprennent pas, tant pis pour eux, leur tour d'adversité viendra. Ma résolution est prise, on nous le mande, et les renseignemens vous ont semblé authentiques, *les fidèles cavaliers* qui ont combattu pour mon malheureux père ont élevé leurs fils dans leur vieille loyauté... On m'assure que l'on s'honore encore dans les trois royaumes de ce titre de *cavalier;* que même dans l'armée les *têtes rondes* perdent de leur influence. Eh bien ! il faut, tel est du moins mon avis, il faut, sans délai, expédier un exprès à nos *amis les cavaliers,* et les assurer que, dans les premiers jours de mars, je serai avec eux.

En prononçant chaleureusement ces paroles, le roi se leva, et regarda avec assurance le portrait de son père. . . . .
. . . .

Trois jours après le conseil dont nous venons de rendre compte, un fidèle messager avait été choisi, homme de sagesse, d'adresse et de courage, le comte de Clare.

Comme il prenait congé du souverain pour lequel il allait exposer sa vie, Charles lui dit, pour dernière instruction : — Rappelez-vous que ce que je veux, avant tout, c'est la vérité, la vérité toute entière; ainsi, comte de Clare, point d'illusions : ne me signalez comme *cavaliers,* comme dévoués à notre cause, que les hommes de résolution, qui, pour la soutenir, ne craindront pas de se compromettre et d'aller de l'avant. Surtout, surtout sachons sur qui compter; et dans la difficile mission que je vous donne, arrachez le casque du *cavalier* à qui n'est vraiment pas digne de le porter.

Ces instructions étaient bien en harmonie avec la manière de voir du comte de Clare; aussi ce fut du fond du cœur que, mettant un genou en terre devant Charles II, il jura de remplir exactement ses royales volontés. . . . .

. . . .

C'était par une nuit sombre et sur une mer houleuse, au milieu du vent et de la pluie, que le comte de Clare fit faire, du bord du petit vaisseau où il était, quelques signaux convenus.. Pendant quelque tems, il ne vit rien répondre : l'obscurité était si complète, la pluie tombait si épaisse, qu'il était possible que les signaux ne fussent pas vus… Enfin, comme une de ces étoiles qui filent dans l'espace, une fusée partie du rivage monta, brilla, s'éteignit.…

— On m'attend, dit le comte, mettez-moi à terre.

— La lame est bien forte, la chaloupe va joliment danser.

— Est-ce que vous auriez peur?

— Peur! moi, vieux loup de mer! Ah! bien oui, vous êtes bien tombé; c'est vous qui allez bien vite faire la grimace!

— Essayez…

Alors le comte de Clare serra la main du capitaine de la petite embarcation qui l'avait amené, et descendit avec deux matelots dans la chaloupe qui dansait contre le flanc du navire.

— Dieu soit avec vous, dit le capitaine.

— Et avec votre navire, répond le noble messager...

Quand une fois la petite barque eut abordé, William de Clare s'élança à terre,... et puis la chaloupe revint au vaisseau comme un enfant à sa mère, et sur le chemin, à peu de distance de Portsmouth, deux hommes se parlaient bas, sous la pluie qui tombait par torrens; c'étaient le comte de Clare, déguisé en paysan, et le fils du commissaire royaliste du canton, Thomas Weld.

Hâtons le pas, dit le jeune homme, il fera meilleur chez mon père qu'ici; depuis plusieurs nuits il ne se couche qu'à regret, il vous attend avec impatience.

— Bon et noble vieillard, son zèle ne se refroidit pas.

— Au contraire, il nous répète sans cesse : Moins il me reste de tems, plus il faut que je travaille pour voir luire le jour du salut ! le jour où je pourrai dire : *Nunc dimittis servum tuum, Domine !*

— Celui auquel il a attaché son cœur ne l'oublie pas non plus, et, au moment de mon départ, il me répétait : Les trois royaumes m'oublieraient, que le vieux Georges penserait toujours à moi.

3

— Qui a servi le père servira le fils ; notre fidélité, c'est notre gloire...

— Ce n'est pas là une étoile qui brille, c'est une lumière.

— Oui, celle de la chambre de mon père ; nous voici près de Lulworth. . . . .

Dix minutes après, les pas de lord Clare et de Weld retentissaient sur le pont qui joignait alors le préau à la cour d'honneur. . . . . . .

Nous avons tous vécu dans des tems qui feront concevoir le bonheur que le *vieux cavalier* ressentit quand il vit entrer chez lui sain et sauf un émissaire, un fondé de pouvoirs de son roi.

— Comment va-t-il?.... Voilà quelle fut sa première demande : Comment notre Charles supporte-t-il son adversité?

— En homme de cœur et de résolution.

— Que Dieu tout-puissant soit béni.

— Et ici quelles nouvelles?

— Bonnes. Nous nous tenons toujours.

— Tant mieux.

— Et Shelburn?

— Toujours solide.

— Et Inigo Preston?

— Immuable comme un roc.

— Et Southwell?

— De plus en plus ardent. Avant-hier, j'avais ici Power, Jobin, Bagot, Lynch, Clark,

Macdonald, Walsh, Shéridan, Ogormand, John Wrigth, Coursen, Orourke, Bourck et Nugent; tous sont demeurés solides, immobiles comme mes tours de Lulworth.

— Et Clifford, et Arundell?

— Toujours nobles comme leurs noms.

— Tant mieux! tant mieux!... Oh! il faudra que dès demain matin je fasse parvenir, par notre capitaine, toutes ces bonnes nouvelles au royal exilé;..... pour les bannis, c'est si grande joie que d'apprendre qu'on leur reste fidèle!

— Il y aurait honte à changer! Qui abandonna cause si juste, si bonne, si sainte que la nôtre est un renégat, et nous en faisons parmi nous, tout de suite, bonne et prompte justice.

— Tant mieux, c'est la volonté du roi. Comme je partais, il m'a répété : *Arrachez le casque du cavalier à qui n'est pas digne de le porter.*

— Ainsi faisons-nous; il y a quinze jours, nous avons eu un jugement de ce genre.

— Contre qui?

— Contre qui le méritait bien, contre Everard Fickleman.

— Comment! lui a passé à l'ennemi?

— Non pas *en apparence*, mais *de fait*; il n'était plus des nôtres;... c'était ce qu'entre nous nous appelons un cavalier à *bon marché*;...

il venait à toutes nos réunions : là, il était très-ardent de paroles, et je vous assure qu'il regardait souvent du haut de sa grandeur ou de sa nullité des hommes qui avaient guerroyé et perdu du sang pour la bonne vieille cause... A l'entendre, on eût dit qu'il avait acheté par quelque action d'éclat le droit d'être difficile, et cependant Dieu sait qu'il n'a jamais versé pour la cause, ni une goutte de sueur, ni une goutte de sang;..... le connaissant comme je le connais, je ne lui demandais ni de se donner du mouvement, ni de s'exposer à aucun péril... A un homme riche, on est en droit de demander de l'argent;..... d'Everard Fickleman, on n'exigeait que cela; et ne demandez pas au tremble des feuilles de laurier. Mais, pour le triomphe d'une cause, demandez aux jeunes hommes de l'activité et du courage; aux vieillards, des conseils; aux prêtres, des prières; aux femmes, des paroles d'amour et d'honneur; à un homme riche, de l'argent : d'Everard Fickleman on n'exigeait que cela, et il a refusé... Cela méritait exemplaire punition.

— Oh ! oui, sans doute, vaut mieux cent fois passer ouvertement à l'ennemi, que de rester faux frère dans des rangs où l'on n'est plus actif.

— C'est ce que nous avons pensé, et vous allez voir, milord, comme nous en avons agi avec le renégat ; oui, les *vrais cavaliers* traitent, comme nous avons fait, tous ceux qui, ainsi que Fickleman, voudront être *cavaliers à bon marché*, et avoir les honneurs d'une noble cause sans lui faire le moindre sacrifice..... A notre dernière réunion, nous avons donc convoqué, comme de coutume, Everard Fickleman ; pour y venir, il n'y avait aucun danger à courir, il y arriva un des premiers... Là, il eut encore l'air fier et la parole haute ;... mon vieux sang de *cavalier* bouillonnait dans mes veines. Quand nous fûmes tous rassemblés, quand les lettres venues de Cologne eurent été lues, quand la prière pour le roi eut été dite, comme président de l'assemblée, je me plaçai près des portraits du roi martyr et de son fils, tableaux qui ornaient notre salle, et que les jours ordinaires recouvraient des panneaux de la boiserie, et élevant la voix, je dis : — Que tout cavalier vienne quand j'appellerai son nom, qu'il avance, qu'il lève la main en face de ces images sacrées, et qu'il jure que son sang et sa vie appartiennent à jamais à la bonne vieille cause de l'Angleterre, à la noble maison des Stuarts.

Shelburn, Inigo Preston, Southwell, Power, Jobin, Bagott, Lynch, Clark, Walsh, Macdonald, Ogorman, Sheridan, Wright, Arundell, Bourck, Nugent furent appelés à leur tour ; et quand tous ces vrais et loyaux cavaliers levaient la main en face des deux portraits, ce devait leur être une grande joie que d'entendre le murmure flatteur des voix de leurs compagnons d'armes et de fidélité, qui disaient : — Oh! ceux-là tiendront leur serment!...

J'appelai EVERARD FICKLEMAN....

Il y eut alors un grand, un solennel silence dans la salle.

Everard Fickleman répondit : — Me voici! et se levant de sa place, avança vers les royales images.... Quand il fut en face.... oh! alors le silence redoubla encore... quand il fut en face.. il leva la main *pour jurer que sa fortune et sa vie étaient à jamais vouées à la bonne vieille cause de l'Angleterre, à la maison des Stuarts.*

Alors un tonnerre de voix l'arrêta, et lui cria : — *Ne jure pas, ne fais pas de faux serment, tu es trop lâche pour exposer ta vie, trop avare pour donner ton argent : ne jure pas ! ne jure pas !*

Everard, pâle, tremblant, restait assourdi sous ces rudes paroles, et moi je lui dis : — Everard! ôte ton casque de cavalier, et dépose-le devant le portrait de ton légitime souverain, Charles II, fils du martyr-roi d'Angleterre, d'Écosse et d'Irlande.

Everard, d'une voix tremblante, demanda pourquoi?

— Parce que tu as forfait à l'honneur ! Allons, vite, ôte le casque que tu n'es plus digne de porter.

Everard Fickleman ôta son casque, et le mit où le vieux Shelburn lui avait indiqué... Alors les cavaliers quittèrent leurs siéges, et vinrent briser, avec leurs talons de fer, le heaume du félon, et quand il fut tout brisé, ils lui en jetèrent les morceaux à la face, en lui disant : —Va-t'en ! *Et que tout lâche, tout avare et tout traître soit traité comme toi !*

Vicomte WALSH.

LES DEUX PAUVRES.

Vieillard qui sur la route attendez solitaire,
 L'aride pitié des passans,
Qui courbez sans appui votre front vers la terre,
 Votre front blanchi par les ans,
Je vous plains.—Mais il est, avec d'autres tortures,
 Un homme à plaindre plus que vous :
Il a de grands châteaux, des chevaux, des voitures
 A rendre un roi jaloux.

Je vous plains moins que lui.—Votre grabat de paille,
Votre habit de serge est à vous :
Au fond de votre cœur nul remords ne travaille
Quand vous priez à deux genoux.
Vieux valet du fermier qui vous prit sous son aile,
De son fils commis à vos soins
Vous n'avez pas volé la maison paternelle....
Je vous plains moins, bien moins.

Une femme adultère, homicide peut-être,
N'est point entrée, un jour hideux,
Vous disant : « Il est là, pendant à la fenêtre ;
Le butin est grand.—A nous deux ! »
Elle n'est point venue à vous, la téméraire,
Sûre d'elle, et plus sûre encor
Que vous prendriez goût au sang de votre frère
En le buvant dans l'or !

Vieillard, vous n'avez point joué la comédie ;
Vous n'avez point des trahisons
Assoupli tous les fils, et la main qui mendie
Ne distille pas les poisons !
La foule, votre dupe, en vous voyant paraître,
Tout bas ne dit point aujourd'hui :
« C'est lui ! c'est l'histrion ! l'hypocrite ! le traître !
» C'est le geôlier ! c'est lui ! »

Si votre père est mort dans sa mansarde noire,
S'il est mort de froid et de faim,
Aucun crime du moins ne charge sa mémoire
Et ne rend amer votre pain.
Le nom qu'il vous laissa, vous le pouvez, j'espère,
Dire sans honte et sans effroi ;

Car il n'a pas coupé, n'est-ce pas, ce bon père,
　　La tête de son roi !

Votre front est ridé ; mais il n'a pas de masque.
　　Alourdi par la boue et l'eau,
Votre habit rapiécé se décout ; mais la basque
　　Traîne encore moins dans le ruisseau
Que ces pans de velours qui vont mal à sa taille,
　　Qu'il a, je ne sais où, pillés,
Pendant que des enfans jouaient à la bataille
　　Nus et déguenillés !

Enfans capricieux dont la foule se rue
　　Dans la grand'ville en mugissant,
Qui casse ses hochets aux bornes de la rue,
　　Mais qui se blesse en les cassant ;
Puis, stupide et rompue, accepte en sa détresse
　　Un maître au gracieux vouloir,
Qui vous prend le matin la main avec tendresse
　　Et vous la tord le soir !

Gardez-vous d'envier le destin de cet homme,
　　Vieillard !—Si d'un nom respecté
Un essaim d'imposteurs effrontément le nomme,
　　Laissons venir la vérité !
Laissons venir le Temps, le plus sage des sages,
　　Le grand juge, après Dieu ! le Temps
Qui de son bras de fer jette au mépris des âges
　　Le nom des charlatans !

A. DE BEAUCHÊNE.

PREMIÈRE CROISADE.*

Triste comme Solime, aux jours où la conquête
Déploya dans ses murs l'étendard du Prophète ;
Et, du mont Golgotha profanant le sommet,
Vint, où mourut le Christ, invoquer Mahomet,
La France, esclave aussi livrée aux mercenaires,
Entre les bras impurs des pachas doctrinaires,
Sans Dieu, sans liberté, veuve des anciens rois,
Meurt en se débattant sous le faix de sa croix.
La misère et la peur, l'avarice et la haine,
Ont tour à tour rivé les anneaux de sa chaîne,
Et de ses nœuds plombés, en stigmates sanglans,
Le fouet du despotisme a sillonné ses flancs.
Les sbires du Sept-août, misérable phalange
De valets parvenus, d'hommes à cœur de fange,
Comme les bataillons des enfans de Seldjouc,
Après l'avoir pillée ont mis sa tête au joug.
Et ce n'est pas le fer, l'audace ou l'énergie
Qui les a fait asseoir au banquet de l'orgie,
Ces tyrans oppresseurs ! aucun d'eux n'est venu
Au boulets des trois jours dévouer son sein nu.

Après l'aube funeste où de larges entailles
Sur le front de Paris gravèrent trois batailles,

* On trouve, rue Saint-Thomas-du-Louvre, nᵒ 5, plusieurs Satires
des mêmes auteurs, publiées en 1834.

Ils n'ont su que proscrire un vieillard malheureux,
Désunir la patrie et la jouer entre eux.
Quand le sang du martyr qui s'immola pour elle
Semblait avoir lavé sa tache originelle,
Des lâches, des intrus grimaçant les héros,
Sans nous avoir conquis se sont fait nos bourreaux;
Et l'homme que Juillet a choisi pour pilote
Nous traite comme à Sparte on traitait un ilote.

France! reine tombée, idole que Henri
Appelle dans l'exil du nom le plus chéri,
Vois comme ils t'ont changée! une main de vampire
Jusqu'au fond de l'abîme a traîné ton empire.
Tu ne crois plus à rien !... Le souffle du vainqueur,
Pareil au vent du sud a desséché ton cœur.
La Bourse et le Château, dégoûtantes mosquées,
Remplacent dans ton sein les églises moquées,
Et l'ignoble croissant des nouveaux Osmanlis
Déshonore tes murs que pavoisaient les lis.
Oh! que n'ai-je aussi, moi, la parole sublime
Qui jadis, retraçant les malheurs de Solime,
Des champs du Pausilippe à l'île des Bretons,
Sous l'enseigne du Christ entraîna les barons !
J'irais, comme un tocsin, du Var à la Moselle,
Verser dans tous les cœurs mon audace et mon zèle,
Eveiller les cités, enflammer les hameaux,
Et prêcher la croisade, au récit de mes maux.
Sur les fronts apostats secouant mes sandales,
J'irais de nos émirs signaler les scandales,
Opposer au renom de ces hommes flétris
Le souvenir aimé des rois qu'ils ont proscrits,
Dénoncer les marchés des ignobles satrapes,

Qui sur tous les budgets ont réglé leurs étapes,
Eclairer, à la fin, les peuples aveuglés ;
Et ma voix ferait dire aux échos ébranlés
Des fleuves et des monts qui bornent notre enceinte :
Dieu le veut! Dieu le veut! France, à la guerre sainte (1)!
Sans doute, à cet appel, désertant les sillons,
Viendraient sous les drapeaux de pieux bataillons :
Les fils de ces guerriers dont l'Europe est jalouse :
Les sages Adhémar, les Raymond de Toulouse,
Les Tancrède normands, les Godefroi lorrains,
Tous pontifes, soldats, chevaliers, pélerins,
Rejetons belliqueux d'une vaillante race
Dont le soleil d'Asie a bruni la cuirasse ;
Et ces nouveaux croisés qu'à toute heure, et partout,
L'étoile des Bourbons a rencontrés debout,
Coulevrines de chair, que nos guerres civiles
Bronzèrent trop de fois dans les champs et les villes,
Et que fond le Bocage, aux jours d'iniquité,
Dans un moule géant comme sa loyauté !
Oui, tous se lèveraient à ce long cri d'alarmes ;
Mais le front découvert, la poitrine sans armes,
Sans que le fer aigu des glaives assassins
Tachât de sang français leurs glorieux desseins.
Ils viendraient! Ils viendraient, sublimes d'harmonie,
Protester hautement contre la tyrannie,
Et leur vote, au grand jour par la France adopté,
Vengerait de l'exil l'enfant déshérité.

Jusqu'ici quand l'émeute, hyène rugissante,
Frappant le seuil royal de sa tête impuissante,

(1) Cri de guerre des Croisés.

A voulu, sous le nom de peuple souverain,
Briser quelques anneaux de sa chaîne d'airain,
Le pouvoir, comme un aigle accroupi dans son aire,
S'est relevé, superbe, aux éclats du tonnerre ;
Le tam-tam des beffrois, les rauques hurlemens,
Sont les avant-coureurs de ses délassemens ;
L'émeute est le signal où la France qu'il broie,
Va lui jeter encore une nouvelle proie,
Du sang, des millions, des complots à fouiller,
Des sujets à flétrir, des temples à souiller,
Des villes où le fer, la torche et le massacre,
Rappelleront la veille et le jour de son sacre.
Quand le peuple bondit, les tièdes, les peureux
Jettent nos libertés au Goule ténébreux ;
Les secrets instrumens des discordes civiles
Lui font un marche-pied de leurs têtes serviles,
Et du titre de pairs ces mignons revêtus
Viennent au Luxembourg applaudir ses vertus.
De Persil et Gisquet l'insatiable meute
Se repaît de la chair et du sang de l'émeute ;
Et l'escabeau royal, fantastique géant,
Dont trois pans de velours recouvrent le néant,
Reposoir éclopé qu'ils ont appelé trône,
Bâti sur un écueil que la peur environne,
Edifice métis de l'émeute venu,
L'émeute, en le heurtant, quatre ans l'a soutenu.
Mais ses frêles appuis, et ses héros funèbres,
Hués, sifflés, moqués, fuiront dans les ténèbres,
Le jour où tombera, comme un cri solennel,
Dans l'urne du scrutin le vote universel.

Déjà pour éveiller nos âmes engourdies,
Bien des cœurs généreux, bien des plumes hardies,

Dans les mille journaux fidèles aux vieux rois,
Ont consigné leurs vœux et réclamé nos droits.
C'est mon vote aujourd'hui que j'apporte dans l'urne.
Aux mourantes clartés de leur soleil nocturne,
Les commis éplucheurs dévoués à Martin
Pourront dans tous mes vers lire mon bulletin.
Aventureux soldat, je viens joindre ma flèche
Aux glaives des guerriers qui, debout sur la brèche,
Luttent depuis quatre ans, sans mollir au combat,
Contre les souteneurs d'un pouvoir qui s'abat.
Et si, brave comme eux, d'un style moins logique
Je déclare au Neuf-août une guerre énergique,
Mes traits que la satire aiguisera toujours,
Frapperont droit au cœur les Séjans des trois jours.
Tant qu'au mépris des lois l'immuable Pensée
Présidera, de fait, son burlesque lycée;
Tant qu'elle voudra, seule, être le cabinet,
Qu'on le baptise Thiers, Dupin, Mortier, Viennet;
Que ce pâle fœtus, engendré dans l'opprobre,
Soit né le treize mars ou fils du onze octobre,
N'importe sous quel masque il déguise au public
Du président réel le scandaleux trafic;
N'importe sous quel nom la royauté l'enterre,
J'irai d'un fer brûlant marquer le ministère;
Et l'on ne verra pas mon dernier numéro
S'incliner vers la caisse où puise Figaro,
Ni le cœur indompté qui bat dans ma poitrine
S'avilir aux genoux de l'impure doctrine.

L'étoile aux beaux rayons, l'astre que dans les cieux
Appelle ma pensée et regardent mes yeux,
C'est le fils qu'Andromaque a sauvé du supplice,
En dépit de la ruse et des piéges d'Ulysse;

Le pur Eliacin, le Joas que Babel
Osa sacrifier au sang de Jésabel,
Quand la révolte obscène, *implacable Athalie*,
Traîna dans les ruisseaux la couronne avilie,
Pour la jeter, après, comme un dernier affront
Au premier qui voulut se la poser au front ;
C'est le roi que Juillet avec idolâtrie
Aurait vu saluer par sa belle patrie,
Si les tribuns crétins à la chambre apostés
N'eussent, au plus offrant, vendu nos libertés.
Jour néfaste ! où le droit ne fut qu'une chimère,
Où l'orphelin déchu, proscrit avec sa mère,
Comme le fils de Dieu, sur le sol étranger,
Devait fuir sa patrie, Hérode, et le danger....
Lui, si frêle et si beau ! sainte et dernière trace
Où le sang de Henri revivifiait sa race,
Lui, jeune aiglon, proscrit ! quand à peine son vol
D'une aile faible encor pouvait raser le sol ;
Avant que dans les cieux sa royale prunelle
Réfléchît du soleil la clarté fraternelle ! !
Oh ! depuis qu'à nos vœux l'exil l'a dérobé,
Comme il a dû souffrir ce jeune arbre tombé !
Souvent, auprès de lui, ma pensée inquiète
A reporté mon ame et mon vol de poëte :
Seul, tourné vers la France où ses pas reviendront,
Souvent je l'ai surpris une main sur le front,
Aux heures où la nuit mystérieuse et vague,
Luttant avec le jour sur les créneaux de Prague,
Semblait à l'horizon dérober à ses yeux
La terre bien-aimée où dorment ses aïeux,
Et ses regards d'amour plongeaient dans l'étendue,
Comme pour voir au loin cette rive perdue,

Cette rive où son nom, tant de fois répété,
Fut toujours un écho d'honneur et loyauté.
Un jour (oh! quels transports cette erreur a fait naître
Dans son ame abusée!) il crut la reconnaître
Aux contours gracieux d'un nuage vermeil,
Qu'avaient doré pour lui les rayons du soleil :
Joyeuse, elle accourait, plus tranquille et plus belle,
Effaçant les couleurs de son drapeau rebelle ;
Au souffle de la brise abandonnant les plis
De la bannière sainte où rayonnent trois lis.
Le chêne et l'olivier, symboliques offrandes,
Sur ses tempes croisés, s'unissaient en guirlandes ;
Ses mains tenaient le livre où sont écrits nos droits ;
Elle était près de lui : Salut! enfant des rois,
Cria du haut des airs une voix solennelle ;
La volonté de tous aujourd'hui te rappelle.
Au nom de la patrie et de la liberté,
Règne sur les ingrats qui t'avaient rejeté.
Le peuple à qui Juillet imposa d'autres maîtres
Vient de briser les fers qu'avaient forgés des traîtres ;
Et, libre dans ses vœux, il se confie à toi.
Mais jure devant Dieu, sur l'autel de la loi,
Que ton cœur sera grand comme ton ame est pure!
L'orphelin radieux s'écria : « Je le jure! »
Et sa main, qu'il tendait, comme pour un serment
Sur sa poitrine en feu retomba lentement.
Ce n'était qu'un vain songe!... Alors cette Bohême,
Ce climat vaporeux qui l'abrite et qui l'aime,
Ces arbres encadrés sous un ciel gris de fer,
Lui parurent, sans doute, un tableau de l'enfer ;
Sans doute, il eût maudit ceux qui l'osent proscrire
Si les enfans avaient une voix pour maudire!

Le cœur navré, pensif, il s'inclina souvent
Vers le nuage aimé que dissipait le vent.
Et je le vis, encor plein de sa rêverie,
Y poursuivre long-tems une image chérie;
Puis, invoquant le ciel dans un élan plus vrai,
Il murmura tout bas : « Oh ! je la reverrai ! ! »

Oui, tu la reverras ! ange que la souffrance
Sur la terre d'exil a mûri pour la France !
Toi qui n'adopteras, dans ce siècle qui bout,
La honte nulle part, mais la gloire partout !
Toi que la liberté, magique sentinelle,
Pour le bonheur du peuple emporta sous son aile,
Lorsque des insensés croyaient dans leur orgueil
T'avoir, à tout jamais, englouti sous l'écueil ;
L'heure approche où, joyeux, le peuple des provinces
Fêtera le retour des légitimes princes.
J'en atteste le Dieu qui, sous des cieux lointains,
D'Holy-Rood au Hradschin veille sur tes destins,
Et le cœur de tous ceux qui, voyant notre plaie,
Ont dit comme un grand homme à la femme de Blaye
Dont le nom fait pâlir nos altesses d'effroi :
« Mère du jeune Henri, votre fils est mon roi. »

Pour moi qui, méprisant toute démarche oblique,
M'élance ferme et droit dans l'arène publique,
En attendant le jour de ton règne promis,
Je viens marquer au front tes lâches ennemis,
Dévouer aux sifflets la main qui nous opprime,
Conspuer l'infamie, et flageller le crime;
Reprocher aux ingrats les bienfaits oubliés,
Aux traîtres, les sermens qui les avaient liés ;
Jusque dans les salons où vit leur coterie,

De nos huit décemvirs zébrer l'effronterie,
Et d'un bras indigné, pour dernière leçon,
Sur leur épaule rouge imprimer mon poinçon.
Que des siéges moelleux où Thémis se cramponne,
Si mon vers lui déplaît, le jury me harponne,
Que Sainte-Pélagie, au nom de l'équité,
Ouvre ses froids cachots devant ma liberté :
Persil ne viendra pas, sous la blanche bannière,
De son ruban d'honneur salir ma boutonnière,
Et l'homme que Dupin croit avoir affermi
Ne me flétrira pas du nom de son ami.

JULES ET XAVIER BASTIDE.

La Cognée et la Forêt.

FABLE.

Une Cognée avait perdu son manche ;
Dans la Forêt voisine elle alla sur-le-champ
Lui demander une petite branche,
Pour réparer promptement
Un si fâcheux accident.
« Donnez-la-moi, dit-elle, je vous prie,

» Et dès ce jour je vous promets
» D'avoir pour un si grand bienfait
» Une gratitude infinie ».

Par un pressentiment secret,
La Forêt, un instant, parut peu disposée
     A satisfaire la Cognée ;
     Car elle redoutait l'effet
De sa demande inattendue.... !

Mais cependant, bientôt vaincue
Par l'attaque de tant d'efforts,
Elle céda.... Qu'arriva-t-il alors ?
Se prévalant de sa victoire,
Et de son vœu perdant mémoire,
La Cognée aussitôt se tourna sans remords
     Contre la Forêt bienfaitrice ;
     Et chaque jour en obtenant
          Sacrifice sur sacrifice,
          La détruisit entièrement.

Si la populace des rues
Vous voit ainsi vous soumettre une fois
     A ses demandes imprévues....
Elle en profitera pour élever la voix,
Pour vous importuner de ses clameurs nouvelles,
Et de votre pouvoir sapant les fondemens,
     Ses mains encore fidelles
En feront s'écrouler les débris chancelans.

LE COMTE ALEXANDRE DE QUERELLES.

AU CHEVALIER EBLES (1).

Je ne dois pas me mettre en peine de la guerre, et j'aurais tort de me plaindre de mes amis; je vois une foule de guerriers venir à mon secours, et s'empresser à me faire recouvrer mon domaine; si quelques-uns m'abandonnent, je ne les condamne pas, je les oublie. Des hommes fidèles ont fait pour moi de si nobles et si belles actions, que ma race en est comblée d'honneur et de gloire.

Je vais bientôt faire encore retentir le bruit des chevaliers et déployer mon étendart, pour mettre fin à une entreprise difficile; — difficile, mais sûre, car je suis en droit d'avoir la couronne; donc, si aucun de mes parens, poussé par l'ambition, veut me disputer mon rang, il peut se montrer !

— Je ne suis pas homme à me gouverner par les fantaisies d'autrui.

(1) Extrait de la Chronique manuscrite de Francisco Tarafé, chanoine de Barcelone.

Ebles, va dire à ceux qui n'ont pas encore pris de parti, que j'aime pour sujets des hommes distingués par le courage et la constance. Ils me trouveront aussi fidèles pour eux qu'ils le seront pour moi.

Frédéric III, roi de Sicile.

L'ENFER,

LE PARADIS ET LE PURGATOIRE.

Au nom des droits de l'homme un sénat sanguinaire
De la proscription aiguisa le couteau ;
Et voulant tout soumettre au niveau de l'équerre,
Il démolit le temple et brûla le château.
Des bords de la Gironde aux rives de la Loire
Le peuple fut broyé sous une main de fer :
    Ce tems d'exécrable mémoire
    Pour la France c'était l'enfer.
Pendant quinze ans de paix, heureuse, libre et fière
Elle vit l'équité fleurir avec les lis ;
Le commerce et les arts étendre leur carrière,

Le travail et l'aisance habiter la chaumière :
La France était en paradis.
Sous un gouvernement sans franchise et sans gloire,
Qui porte la discorde et le trouble en tous lieux,
Où le budget grossit, où tout est provisoire,
Tournant vers le *Sauveur* ses regards et ses vœux,
La France fait son purgatoire.

Le baron d'Ordre.

LE BORDEAUX.

Air *suisse.*

Du Bordeaux la liqueur vermeille
Etincelle dans nos flacons.
Que les mouchards prêtent l'oreille,
C'est le Bordeaux que nous chantons.

Que le Bordeaux coule à plein verre,
C'est le remède à tous nos maux ;
Dans l'espoir d'un tems plus prospère,
Chantons tous, vive le Bordeaux ! !

Depuis qu'en sa brutale ivresse
Paris l'a proscrit sans retour,
Dans nos festins plus d'allégresse,
On le regrette chaque jour.

Le vin qu'on nous donne à la place
Au peuple paraît bien amer ;
Il dit en faisant la grimace :
Qu'il est mauvais et qu'il est cher ! ! !

C'est la folle ivresse du crime
Que font naître ces vins nouveaux ;
C'est une ivresse *légitime*,
Celle qu'inspire le Bordeaux.

Qu'importe qu'au lointain rivage
Notre Bordeaux soit voyageur !
Le Bordeaux craint peu le voyage,
Il n'en reviendra que meilleur.

Que le Bordeaux coule à plein verre,
C'est le remède à tous nos maux ;
Dans l'espoir d'un tems plus prospère
Chantons tous, vive le Bordeaux ! !

LE

LEVER DU VIEUX ROI.

Sept heures venaient de sonner à l'horloge du vieux manoir. Les valets de chambre de Charles X se présentèrent. La toilette du prince fut bientôt terminée. Un domestique entra chargé de lettres et de journaux qu'il déposa sur une table, devant laquelle le roi roula son fauteuil.

— Mes filles (1) tardent bien, dit-il en regardant toutes ces dépêches; leur impatience doit égaler la mienne.... Des nouvelles de la France !.. de mon pays !....

Et Charles soupira tristement.

La porte s'ouvrit de nouveau, et leurs Altesses royales parurent. A leur aspect, un léger sourire glissa sur les lèvres décolorées du vieillard.

(1) On a voulu faire croire à des divisions entre nos augustes exilés. Ces bruits sont faux et calomnieux. Chaque semaine Madame, duchesse de Berry, vient passer deux ou trois jours près du roi et de ses enfans.

— Bonjour, mes enfans, bonjour….. nous serons heureux ce matin; notre courrier est plus nombreux qu'hier….. Comment se porte Henri? comment se porte ma petite Louise ?

Quelques mots de douce intimité furent échangés. Les deux princesses, inclinées devant leur père, reçurent chacune un baiser sur le front. Les valets de chambre se retirèrent, obéissant à un signe de leur chef, et la lecture commença en présence d'un vieil ami pour qui l'auguste famille n'avait plus de secrets. La fidélité dans le malheur nivelle aussi les rangs.

C'était un spectacle bien touchant que celui des trois illustres exilés, cherchant ainsi, dans une abnégation sublime, ce que les papiers épars devant eux pourraient leur apprendre du destin de leur chère patrie. A les voir le cou tendu, l'œil fixe, reproduire dans leurs regards, dans leurs sourires, dans leurs moindres émotions, le contenu des précieuses dépêches, qui eût songé à deviner en eux Charles X., la fille de Louis XVI et la mère du duc de Bordeaux! Oh! que bien plutôt ils semblaient ne composer qu'une famille heureusement retirée de Paris, faisant des nouvelles de la capitale une douce occupation du matin!

Et pourtant c'était bien là Charles X, le roi de France, au front dépouillé de sa couronne, aux mains déjà tremblantes, usé par le malheur encore plus que par les années; n'ayant plus dans le cœur que regrets, amertume et désespoir! C'était bien là cette héroïque Marie-Thérèse, la vierge du Temple, cette femme si forte toujours, quoique souvent et si rudement frappée, dont les yeux n'avaient plus de larmes, le cœur plus de soupirs pour de nouvelles infortunes; c'était bien enfin la jeune mère de Henri, la veuve désolée de Charles, qui jadis croyait avoir épuisé, sur la tombe d'un époux de trente ans, tout ce que la coupe de la vie renferme de poisons, et qui maintenant n'osait plus embrasser son fils sans effroi du présent, sans horreur de l'avenir. O malheur! qu'est devenue la femme brillante, joyeuse, animée, l'ame de nos plaisirs, la reine de nos fêtes; celle pour qui la riche industrie française n'avait pas assez de richesses, les arts assez de chefs-d'œuvre, les poètes assez d'encens? Qu'a-t-elle fait de son bonheur, de son étourderie, de sa gracieuse insouciance, de son oubli de l'étiquette? Où est-elle, la bonne, la spirituelle, l'aimable duchesse de Berry? Rosny redemande la mère de ses pauvres; Dieppe la magicienne de ses bains; Paris l'étrangère qui donnait des leçons de goût aux Parisiennes? Où est celle qui était tout cela? La voilà, bannie, proscrite,

insultée; elle a vu l'Écosse, Holy-Rood, Blaye
et ses cachots, la chambre de Marie Stuart; toujours bonne, toujours spirituelle, mais grave
et triste maintenant. Pour elle plus de bals,
plus de fêtes, plus de joie! un nuage de pro-
fonde mélancolie enveloppe son ame…. elle lit
un journal qu'elle froisse convulsivement dans
ses mains, et le mot *ingratitude* vient expirer
sur ses lèvres serrées par la douleur.

Ingratitude! à ce mot tous les souvenirs re-
naissent dans ces trois ames torturées par l'exil.
Plus de résignation, plus de courage, plus d'espérance…. les trois malheureux envient le sort
d'un frère, d'un père, d'une mère, d'un époux!
Mieux valait pour eux la mort que l'exil. Révolution de juillet, ne t'applaudis point de ta
clémence…. assez de dérision comme cela!

Charles et Marie-Thérèse s'interrompent et
cherchent dans les yeux de la duchesse le mo-
tif de sa douloureuse exclamation.

—L'ingratitude! dit à demi-voix la fille de
Louis XVI, n'y sommes-nous donc plus accou-
tumés, ma sœur?

— Depuis long-tems, ma fille, le mot est
souvent prononcé par nous, ajouta le roi : l'idée
devrait avoir perdu de sa force; elle est déjà
vieille dans nos esprits.

— Trouver les Français ingrats, répondit la

duchesse, c'est pour mon cœur une peine toujours nouvelle. Ce n'était pas assez d'avoir rejeté dédaigneusement ma faible offrande aux pauvres malades du choléra, d'avoir annulé la rente que j'ai fondée pour les indigens de Rosny, chaque fois que je puis encore tendre une main secourable à quelques Français malheureux, ils disent toujours que mes perfides bienfaits ont pour but caché d'acheter des partisans à la cause de mon fils!... Etre si mal jugée, ô mon Dieu !... »

Alors la pauvre mère, étouffée par les sanglots, se couvrit le visage de ses deux mains, et tous trois restèrent livrés à la rigueur de leurs pensées.

En ce moment, on entendit frapper à la porte, et deux enfans furent introduits. La duchesse essuya ses pleurs pour embrasser son fils et sa fille; leurs caresses ramenèrent le sourire sur ses lèvres; elle reprit sa pénible lecture, et bientôt son attention, comme celle de Charles et de Marie, se concentra sur *des nouvelles de la plus haute importance, qu'un exprès, venu du continent, avait apportées le matin même.*

Monsieur brigue une sinécure,
Monsieur brigue la croix d'honneur,
Monsieur brigue une préfecture ;
Monsieur de plus noble nature
Brigue un poste d'ambassadeur.
De pouvoir et d'argent chacun brigue une dose
Pour lui, son frère ou ses enfans ;
Et cela fait que, sous l'ordre de chose,
On ne voit plus que des *brigans*.

Quelle est cette aimable étrangère (la duchesse de Berry)
Qui vient de cette cour augmenter la splendeur ?
La fille de Louis la voit comme une sœur,
Et d'Artois la contemple avec des yeux de père.
Je sens déjà qu'elle m'est chère ;
Ainsi qu'à mes regards, elle plaît à mon cœur.
Dieu des Bourbons ! Dieu qui taris nos larmes !
Que pour les lis brillent des jours sereins,
Et que la France, à l'abri des alarmes,
Reprenne en paix ses antiques destins.

VIENNET (1816).

VISION.

Dans les régions que Dieu cache aux regards des hommes, il y a un gouffre immense, incommensurable; c'est celui de l'éternité.... Là gisent pêle-mêle les années qui seront données au monde; c'est de là que le roi des siècles les prend une à une et les laisse tomber sur la terre.

Quand elles sortent de ce gouffre sans fond, elles sont pures comme ce qui n'a pas vécu.... c'est aux hommes à qui ces années sont accordées à les rendre ou bonnes, ou mauvaises, ou glorieuses, ou dégoûtantes de honte. Quand elles nous viennent, nous avons sur elles un vaste libre arbitre.... c'est à nous à faire leurs renommées.

Près du gouffre où dorment les années qui n'ont pas encore vécu, est un autre abîme où vont retomber celles qui ont fait leur tems parmi les hommes.

Et l'esprit qui m'avait emporté par-delà les nuages, me fit voir une de ces années qui revenait de la terre.

— C'était celle que nous avons appelée 1834.

Oh! comme la malheureuse tremblait! comme elle avait épouvante de paraître devant le juge que rien ne trompe, et que rien ne corrompt !

Pauvre *année !* pas un rayon de gloire à l'entour d'elle ; et bien des taches de boue et de sang sur la robe que Dieu lui avait donnée blanche !

L'esprit qui me guidait dans l'espace me dit : « Montons encore plus haut, et tu l'entendras juger. »

Et je répondis à l'ange : « Si la majesté de l'Éternel juge ne doit pas m'anéantir, qu'il soit fait ainsi que tu viens de le dire, montons plus haut encore. »

Et nous montâmes bien au-dessus des étoiles que nous voyons de la terre.... et bien au-dessus de celles que nous ne pouvons voir à cause de leur extrême hauteur; l'ange me tenait par la main, et la puissance de ses ailes était si grande, que la rapidité de notre course était semblable à celle de l'éclair qui traverse la nue.

Et l'esprit me dit : « Adore, nous voici aux portes du ciel. » Depuis long-tems mes yeux ne voyaient plus, tant la splendeur des régions que nous venions de parcourir était éclatante de mille et mille soleils.

Mais l'ange toucha mes paupières, et je vis ce que l'œil de l'homme n'avait jamais vu.

Et l'ange toucha mon oreille, et j'entendis ce que l'oreille de l'homme n'avait jamais entendu.

Et l'ange mit sa main sur mon cœur, et mon cœur devint assez fort pour ne pas se briser de tout ce que je voyais.

L'année qui venait d'expirer sur la terre, et qui allait être jugée, était là debout, pâle, tremblante devant le tribunal, comme une tache sur la gloire du ciel.

Et une voix, celle de Jéhova, se fit entendre. Toutes les puissances, trônes, dominations, vertus, anges, archanges, tremblèrent devant cette formidable voix, voix qui dit aux tonnerre : *Silence!* et aux flots en furie : *Calmez-vous!*

— Qu'as-tu fait, demanda le juge à l'année en jugement? qu'as-tu fait pour le bonheur des hommes ?

— J'ai éloigné les pensées de guerre des conseils des rois..... j'ai prêché la paix.

— Pourquoi donc as-tu du sang sur ta robe?

— C'est celui de quelques révoltés.

— Pourquoi les hommes se sont-ils révoltés? Si tu leur avais tenu tes promesses, y aurait-il eu rébellion ?

L'année 1834 trembla plus fort et ne répondit pas.